¡Hola,
acorazados!
1

ACORAZADOS

KATE RIGGS

CREATIVE EDUCATION | CREATIVE PAPERBACKS

EXTRAÑO EL MAR ABIERTO. ¡AHORA NO ME MUEVO DE AQUÍ!
35

tabla de contenido

Publicado por Creative Education y Creative Paperbacks
P.O. Box 227, Mankato, Minnesota 56002
Creative Education y Creative Paperbacks
son sellos editoriales de The Creative Company
www.thecreativecompany.us

Diseño de Wyeth Morgan
Dirección artística de Blue Design (www.bluedes.com)

Imágenes de Dreamstime/Arinahabich08, 17; DVIDS/Petty Officer 2nd Class Michael Lantron/U.S. Navy, 24, U.S. Navy, 14–15; Getty Images/Purestock, 8–9, red_moon_rise, 23, Stocktrek, 6–7; Pexels/Germannavyphotograph, 16, Şeyma D., 2; dominio público/portada (centro), Norman Wilkinson, portada (izquierda); Shutterstock/Vereshchagin Dmitry, 3, 20–21; U.S. Navy, 18–19, Mass Communication Specialist 2nd Class Jacob D. Moore, 13; Unsplash/Peter Pryharski, 1, Thomas Park, 4; Wikimedia Commons/Eli J. Medellin/U.S. Navy, 10–11, Phan J. Alan Elliott, portada (derecha)

Library of Congress Cataloging-in-Publication Data
Names: Riggs, Kate, author.
Title: Acorazados / by Kate Riggs.
Other titles: Battleships. Spanish
Description: Mankato, Minnesota : Creative Education and Creative Paperbacks, [2026] | Series: Maravillas | Includes index. | Audience: Ages 4-7 | Audience: Grades K-1 | Summary: "An engine-revving introduction to battleships, this transportation book for beginning readers features eye-catching photographs, humorous captions, and basic facts about the large, armored warships. This Spanish text includes a labeled vehicle guide, glossary, and index— Provided by publisher.
Identifiers: LCCN 2024053414 (print) | LCCN 2024053415 (ebook) | ISBN 9798889898733 (library binding) | ISBN 9781682779132 (paperback) | ISBN 9798889899525 (ebook)
Subjects: LCSH: Battleships—Juvenile literature. | CYAC: Battleships.
Classification: LCC V815 .R5418 2026 (print) | LCC V815 (ebook) | DDC 359.8/352—dc23/eng/20241214
LC record available at https://lccn.loc.gov/2024053414
LC ebook record available at https://lccn.loc.gov/2024053415

Impreso en la India

Los poderosos barcos de guerra libran batallas en el mar. Mantienen a salvo a otros barcos.

¡BUM!

Los acorazados largos están cubiertos con **blindaje**. Los cañones pesados están en la **cubierta**.

Parte de la torreta del cañón sobresale de la cubierta. Puede moverse para disparar.

ALGUNOS ACORAZADOS TIENEN MUCHAS TORRETAS.

Hay personas trabajando debajo de la cubierta. Cargan los cañones. Mantienen el barco en movimiento.

¿QUÉ HAY DE COMER?
¿ATÚN?
U.S. NAVY

Muchos barcos de guerra siguen a los acorazados. El acorazado busca el peligro. Avanza a toda velocidad.

LOS ACORAZADOS DISPARAN MISILES AL AIRE.

Un acorazado recorre los mares. Apunta a los objetivos. Dispara sus poderosos cañones.

¡YO ESTARÉ ATENTO A LOS PIRATAS!

¡Adiós, acorazados!

[Imagina un acorazado]

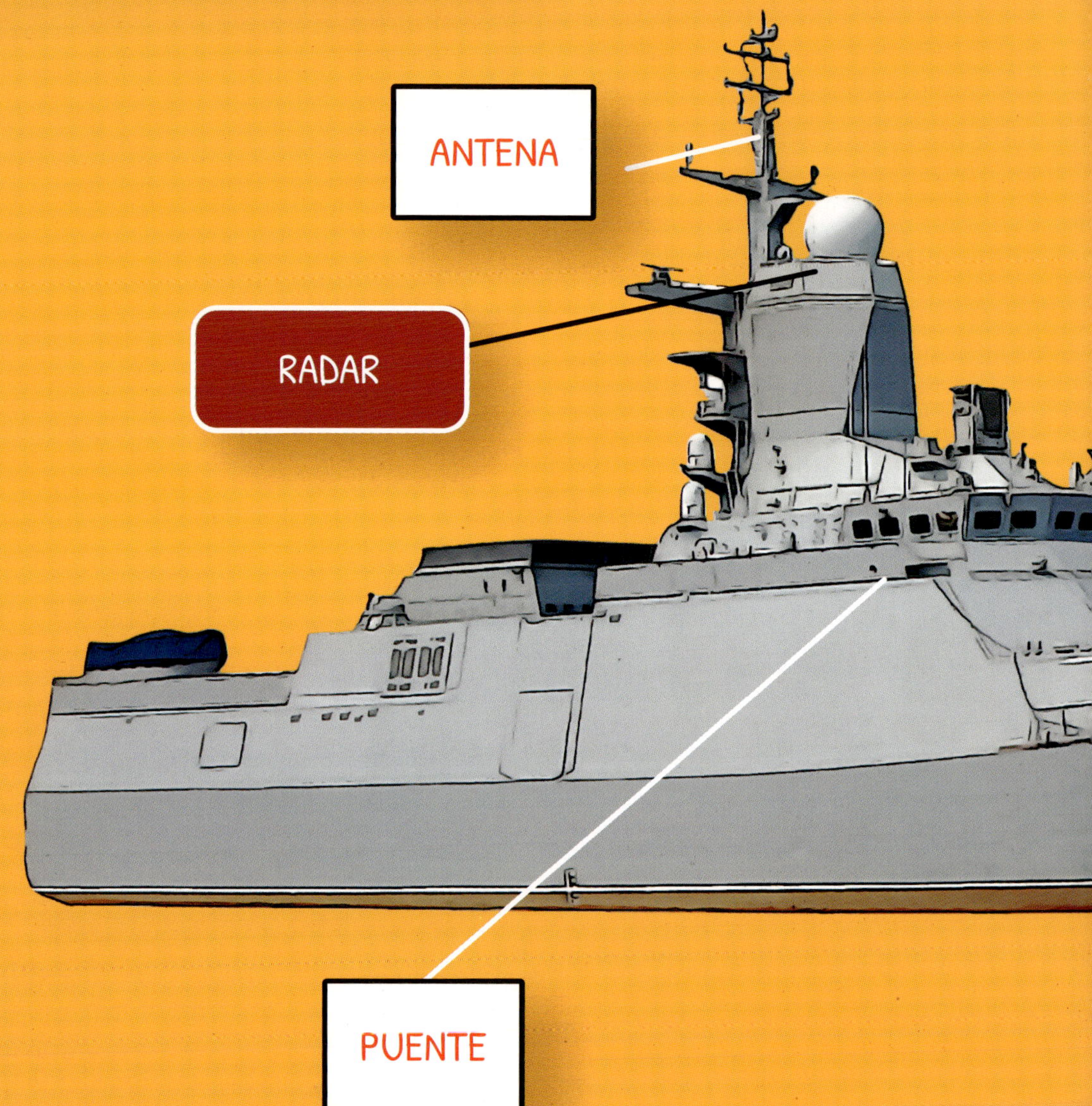

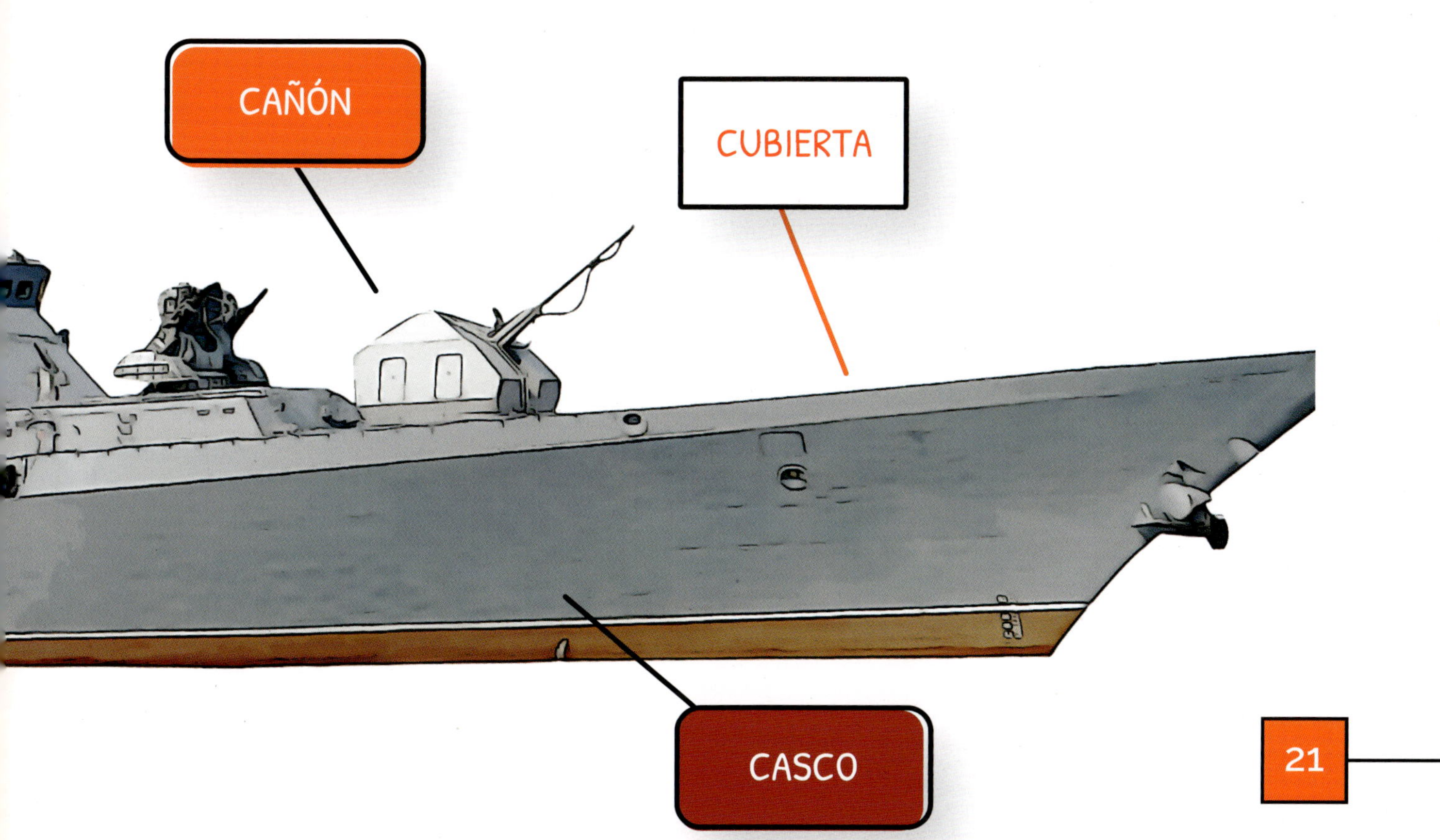
CAÑÓN
CUBIERTA
CASCO

PALABRAS QUE DEBES CONOCER

blindaje: cubierta de metal que mantiene algo seguro

cubierta: el nivel superior exterior de un barco

objetivo: un avión o barco al que se dispara

torreta: la torre que está en la parte superior de un acorazado que sostiene un cañón grande

ÍNDICE ALFABÉTICO